Aventura en el Amazonas

Guion

Daniel Lucas

Ilustraciones

André Caliman

Daniel Lucas: *A Carlos Oliva, por su generosa ayuda.*
André Caliman: *A la gran selva.*

ISBN: 978-84-949475-1-3
Depósito legal: M-1005-2019
Impreso en España
Printed in Spain

Explotación didáctica: Esteban Bayón.
Glosario: Daniel Lucas, Natasha Yaworsky y Thomas Chaurin.
Diseño gráfico y maquetación: David Márquez y André Caliman.
Ilustración de portada: André Caliman.
Las actividades de las páginas 4 y 25 han sido diseñadas utilizando ilustraciones de Freepick.com.

Impresión: Gráficas Glodami. Coslada (Madrid). 2019.
Primera reimpresión: Gráficas Glodami. Coslada (Madrid). 2023.

Distribuido por:

Editorial Edinumen
C/ José Celestino Mutis, 4. 28028 Madrid
Teléfono: +34 91 308 5142
e-mail: edinumen@edinumen.es
www.edinumen.es

Información para el profesor

Cómics para aprender español es una serie de atractivos cómics graduados por niveles y diseñados específicamente para el estudiante de español.

En *Aventura en el Amazonas* el lector encontrará una atractiva historia de nivel A2 en formato cómic, además de:

- Una serie de actividades antes, durante y después de la lectura.
- Un glosario español/inglés/francés con las palabras y expresiones más difíciles para el estudiante. Dichas palabras aparecen marcadas en naranja a lo largo de la historia.
- Un solucionario de las actividades propuestas.

¿Por qué cómics?

Los cómics pueden ser una herramienta pedagógica muy valiosa en el proceso de enseñanza/aprendizaje de idiomas. Su particular formato ofrece grandes ventajas a los alumnos de lenguas extranjeras. Entre ellas:

- Es una forma excelente de presentar textos narrativos, ya que las imágenes refuerzan y facilitan la comprensión de los mismos.
- Favorecen la presentación y aprendizaje de vocabulario. La memoria de la información lingüística aumenta si hay algún elemento visual relevante.
- Sumergen al estudiante en un contexto comunicativo real, ofreciéndole mucha información pragmática.
- Propician que los alumnos procesen la información recibida en una lengua extranjera con un menor desgaste cognitivo, por lo que el riesgo de que se acaben aburriendo disminuye.
- Las imágenes de los cómics atraen el interés de los estudiantes y les animan a seguir leyendo. En una sociedad cada vez más visual, la imagen se ha convertido en un sistema válido de comunicación y aprendizaje, sistema con el que los jóvenes se sienten muy cómodos.
- Ayudan a los alumnos a adquirir el hábito lector, al tiempo que incrementan sus habilidades en este campo.
- Permiten el desarrollo del pensamiento interpretativo, ya que la mente del lector es la que cierra la acción entre viñeta y viñeta.
- Fomentan la motivación de los estudiantes, lo cual repercute muy positivamente en el aprendizaje. Cuando un alumno se divierte, es cuando más aprende.

Por todo ello, ***Aventura en el Amazonas*** es un material muy recomendable tanto para la lectura individual como para el trabajo en el aula.

En este cómic, Diego, Raquel y Hugo ayudan a Pedro, su amigo científico, a construir una nueva máquina del tiempo. Pero cuando la máquina está terminada y Pedro decide probarla, algo inesperado sucede. En ese momento nuestros personajes se verán obligados a realizar un peligroso viaje a la selva amazónica en busca de un escaso y preciado metal. ¿Serán capaces de conseguir su objetivo?

Prepárate

1 **¿Conoces a los protagonistas de nuestra historia? Mira sus presentaciones y relaciona las informaciones con alguno de ellos.**

"¿Recuerdas a Diego? Es un chico moreno y delgado. Es valiente y ***generoso****. Siempre lleva una gorra azul y va con su monopatín* ***a todas partes****."*

"¿Y a Raquel? Es esa chica tan simpática que tiene el pelo largo y castaño. A ella también le encanta montar en monopatín."

"Y también está Hugo. Es ese chico tan tímido y ***glotón*** *que tiene un corazón grandísimo. Siempre ayuda a sus amigos cuando ellos lo necesitan."*

	Diego	Raquel	Hugo
1. Le encanta comer.			
2. No tiene malos sentimientos.			
3. Tiene la misma afición que Diego.			
4. No tiene miedo.			
5. **Se lleva bien** con todo el mundo.			
6. No es egoísta.			

1.1 En esta aventura también hay un amigo de los protagonistas: Pedro. Completa su descripción con alguna de estas palabras.

ESTUDIA • POLICÍA • TRABAJA • COLEGIO • CIENTÍFICO • MÁQUINA • UNIVERSIDAD • APARATO

Pedro es un .... que .... en la .... Él **inventó** la .... del tiempo que llevó a Diego a Japón, hace ocho meses.

2 **En esta aventura Pedro viaja a Egipto. ¿Qué sabes de Egipto? Completa esta ficha con la información que conoces.**

1. **Localización**:
2. Capital:
3. Habitantes:
4. Colores de la bandera:
5. Espacios naturales famosos (ríos, montañas, desiertos...):
6. Lugares de interés turístico:
7. Comidas:
8. Personajes famosos en la Historia:

2.1 ¿Por qué crees que va Pedro a Egipto? **Marca** la opción que crees que es correcta y lee la historia para comprobar tu respuesta.

a) Viaja al pasado para robar un objeto.
b) Viaja al pasado para probar la máquina.
c) Viaja al futuro para ayudar a Diego.

* ver cómic *Ladrones de tesoros.*

SON TRES BUENOS AMIGOS QUE SE CONOCEN DESDE HACE MUCHOS AÑOS.
PEDRO ME LLAMÓ AYER. MAÑANA ES SÁBADO Y PEDRO NOS INVITA A SU CASA. QUIERE CONTARNOS ALGO. DICE QUE ES UN SECRETO... ¿QUERÉIS VENIR?
¡CLARO!
¡SÍ!
¿A QUÉ HORA?
A LAS ONCE EN SU CASA.
AL DÍA SIGUIENTE...
¡BUENOS DÍAS, CHICOS!
¡HOLA!
¡BUENOS DÍAS!
PEDRO ES UN CIENTÍFICO QUE TRABAJA EN LA UNIVERSIDAD.
ÉL INVENTÓ LA MÁQUINA DEL TIEMPO QUE LLEVÓ A DIEGO A JAPÓN, AL PASADO.
VAMOS AL GARAJE. QUIERO ENSEÑAROS ALGO.
¿PODÉIS SENTAROS, POR FAVOR?
¿QUÉ ES, PEDRO?
¡MIRAD!
LA MÁQUINA II
¿QUÉ ES ESO?
¿NO LO SABÉIS? ¡ES UNA NUEVA MÁQUINA DEL TIEMPO!
¿UNA NUEVA MÁQUINA DEL TIEMPO? ¿Y DÓNDE ESTÁ LA PRIMERA MÁQUINA? ¿LA MÁQUINA QUE LOS LADRONES USABAN PARA IR AL PASADO?

AH, SÍ... OLVIDÉ CONTAROS ESO...
DESPUÉS DE DETENER A LA BANDA DE LA COBRA, LA POLICÍA DIO LA MÁQUINA AL EJÉRCITO.
EJÉRCITO DEL AIRE
EL EJÉRCITO DICE QUE ES UN ARMA MUY POTENTE Y MUY IMPORTANTE PARA LA SEGURIDAD DEL PAÍS...
...Y NO ME QUIEREN DEVOLVER MI MÁQUINA. POR ESO HE DECIDIDO HACER OTRA...
¿UNA MÁQUINA IGUAL QUE LA PRIMERA?
NO, DIEGO. QUIERO HACER UNA MÁQUINA MEJOR QUE LA PRIMERA. ¡MÁS POTENTE! ¡PARA VIAJAR MÁS LEJOS EN EL TIEMPO!
MIRAD, YA TENGO MUCHAS PIEZAS PREPARADAS. PERO NECESITO AYUDA.
CHICOS, ¿ME AYUDÁIS CON ESTO?
Y ASÍ, COMIENZAN A CONSTRUIR LA MÁQUINA...

UNAS HORAS MÁS TARDE...
¡HASTA LA PRÓXIMA SEMANA!
¡HASTA PRONTO!
¡ADIÓS!
POCO A POCO PASAN LAS SEMANAS.
DE LUNES A VIERNES, LOS CHICOS VAN AL COLEGIO...
...Y LOS SÁBADOS AYUDAN A PEDRO A CONSTRUIR SU NUEVA MÁQUINA DEL TIEMPO.
LOS MESES PASAN...
¡CINCO MINUTOS PARA TERMINAR EL EXAMEN!
LLEGA LA PRIMAVERA...
...Y LOS CHICOS TODAVÍA TRABAJAN EN LA MÁQUINA.
MUY BIEN, RAQUEL. OTRA VEZ UN NUEVE.
UN SÁBADO, EN EL GARAJE DE PEDRO...
¡YA ESTÁ! ¡LA MÁQUINA ESTÁ TERMINADA!
¡SÍ!
¡BIEN!
PERO AHORA TENEMOS QUE PROBAR SI FUNCIONA BIEN.
¿Y QUÉ VAS A HACER?
NO SÉ... VOY A HACER UN VIAJE RÁPIDO A ALGÚN SITIO. UN VIAJE DE IDA Y VUELTA.
¿ADÓNDE?
SIEMPRE HE SOÑADO CON CONOCER EL ANTIGUO EGIPTO... ¡SÍ, ESA ES UNA BUENA IDEA!

¿AHORA?
SÍ, ¿POR QUÉ ESPERAR MÁS? QUIERO VER CÓMO FUNCIONA LA MÁQUINA, JE, JE, JE.
MIRAD. TAMBIÉN HE INVENTADO ESTE APARATO. SIRVE PARA HABLAR DESDE EL PASADO CON EL PRESENTE. Y TIENE VÍDEO. ESTE ES PARA VOSOTROS. YO ME LLEVO OTRO IGUAL CONMIGO.
¿PREPARADOS?
VALE... EL CAIRO, EGIPTO. AÑO 2600 ANTES DE CRISTO...
FZZZ
¡HASTA PRONTO!

¿QUÉ HACEMOS AHORA?
VAMOS A ESPERAR UN POCO. PEDRO TIENE QUE LLAMARNOS POR ESTE APARATO.
¿TENÉIS HAMBRE? TENGO FRUTOS SECOS...
FZZZZ FZZZZ
¿HOLA?
¡HOLA, PEDRO!
¿CÓMO ESTÁS?
ESTOY BIEN, CHICOS. ¡LA MÁQUINA FUNCIONA! ¡MIRAD DÓNDE ESTOY!
¡GUAUUU!
¡INCREÍBLE!
¿HAY ALGUNA PIRÁMIDE?
ESPERA...
¡SÍ! ¡AQUÍ HAY UNA!
¿LA MÁQUINA ESTÁ APAGADA?
SÍ, ESTÁ APAGADA.

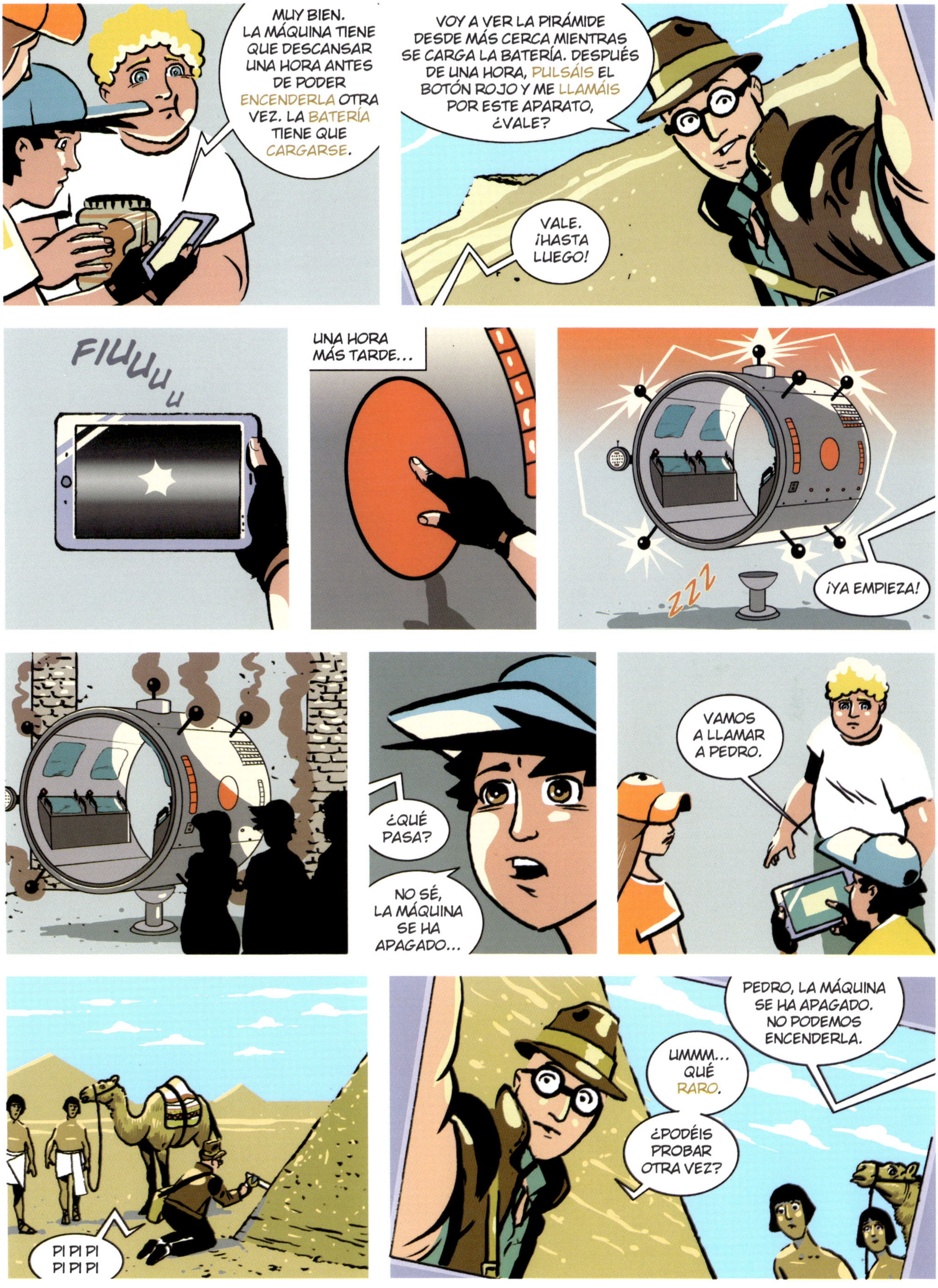

MUY BIEN. LA MÁQUINA TIENE QUE DESCANSAR UNA HORA ANTES DE PODER ENCENDERLA OTRA VEZ. LA BATERÍA TIENE QUE CARGARSE.
VOY A VER LA PIRÁMIDE DESDE MÁS CERCA MIENTRAS SE CARGA LA BATERÍA. DESPUÉS DE UNA HORA, PULSÁIS EL BOTÓN ROJO Y ME LLAMÁIS POR ESTE APARATO, ¿VALE?
VALE. ¡HASTA LUEGO!
FIUUUU
UNA HORA MÁS TARDE...
¡YA EMPIEZA!
ZZZ
¿QUÉ PASA?
NO SÉ, LA MÁQUINA SE HA APAGADO...
VAMOS A LLAMAR A PEDRO.
PI PI PI PI PI PI
PEDRO, LA MÁQUINA SE HA APAGADO. NO PODEMOS ENCENDERLA.
UMMM... QUÉ RARO.
¿PODÉIS PROBAR OTRA VEZ?

¡YA!
Z Z Z
OTRA VEZ SE HA APAGADO. ¡NO SABEMOS QUÉ PASA!
UUMMM... ¿QUÉ PUEDE SER?
¿PODÉIS ABRIR EL COMPARTIMENTO B-27? LO PODÉIS VER EN EL PLANO DE LA MÁQUINA.
VAMOS A VER.
AQUÍ. B-27.
UMMM... HUELE A QUEMADO...
SÍ, PARECE QUE LA PIEZA ESTÁ QUEMADA...
¿?
¡OH, NO!... ¡EL ACELERADOR DE PARTÍCULAS SE HA QUEMADO!... ¡ESO ES TERRIBLE!
¡!
¿QUÉ PASA?
ESA PIEZA ES LA MÁS IMPORTANTE DE LA MÁQUINA. SIN ELLA ES IMPOSIBLE VIAJAR POR EL TIEMPO.

¿Y QUÉ PODEMOS HACER?
DENTRO DEL ACELERADOR DE PARTÍCULAS HAY UN METAL MUY RESISTENTE QUE SE LLAMA NIOBIO.
TAL VEZ PUSE NIOBIO DE MALA CALIDAD EN LA PIEZA. CREO QUE SE HA CALENTADO DEMASIADO Y SE HA FUNDIDO.
¿Y TIENES MÁS NIOBIO EN CASA?
¡NO! ES MUY DIFÍCIL ENCONTRAR ESE METAL. SOLO HAY EN ALGUNAS PARTES DEL PLANETA. ¿QUÉ VOY A HACER AHORA?
PEDRO, ¿EN QUÉ PAÍSES HAY NIOBIO?
EN RUSIA, EN ALGÚN PAÍS DE ÁFRICA Y, SOBRE TODO, EN BRASIL.
¡SÍ, BRASIL! ¡MI AMIGO ROBERTO ROCHA!
¡!
¿?
¡!
¿BRASIL?
¿ROBERTO QUÉ...?
ROBERTO ROCHA ES MI AMIGO BRASILEÑO. LOS DOS ESTUDIAMOS JUNTOS EN LA UNIVERSIDAD, HACE MUCHOS AÑOS...
ÉL SABE DÓNDE ENCONTRAR ESE METAL. EN MI ESCRITORIO HAY UNA AGENDA CON LOS NOMBRES Y TELÉFONOS DE MIS AMIGOS. ¡POR FAVOR, LLAMAD A ROBERTO!
¡LA AGENDA!
AGENDA
HAY UN MENSAJE EN PORTUGUÉS.
CREO QUE DICE QUE ESTE NÚMERO NO EXISTE.

PEDRO, EL NÚMERO NO FUNCIONA. TAL VEZ ROBERTO HA CAMBIADO DE NÚMERO.
AQUÍ HAY UNA DIRECCIÓN DE CORREO ELECTRÓNICO.
ENTONCES, ¿PODÉIS ESCRIBIRLE UN CORREO ELECTRÓNICO? AHORA TENGO QUE IRME. NO QUIERO GASTAR TODA LA BATERÍA DE ESTE APARATO. YA SABÉIS QUE AQUÍ TODAVÍA NO HAY ELECTRICIDAD...
VALE, VAMOS A ESCRIBIRLE. SI HAY NOVEDADES TE DECIMOS.
VALE, GRACIAS. ¡HASTA PRONTO!
FIUUU
¿?
DOS DÍAS MÁS TARDE...
¡QUÉ BUEN TIEMPO HACE!
SÍ, YA HA EMPEZADO EL VERANO Y HACE CALOR.
YA SOLO QUEDA UNA SEMANA DE CLASE. ¡QUÉ BIEN!
¡GUAUU, DIEGO! ¡QUÉ BUENO!
EL AMIGO DE PEDRO NO HA RESPONDIDO A LOS CORREOS, ¿VERDAD?
NO, TODAVÍA NO.
POBRE PEDRO, YA LLEVA TRES DÍAS EN EL ANTIGUO EGIPTO.
MÁS TARDE, POR LA NOCHE...
VOY A MIRAR EL CORREO OTRA VEZ...
¡VAYA! ¿ESTO QUÉ ES?
www.email.com
E-mail
Viaje a Brasil
@Roberto
Escribir
Entrada
Salida
Hugo
Raquel
Mamá
Hola, Diego:
Encantado de saludarte.
Siento mucho lo que le pasó a Pedro. Si quieres conseguir niobio tienes que venir a Brasil. Conozco un sitio en la selva donde hay niobio muy puro.
Lo siento, pero ahora no puedo escribir más. Es peligroso.
Mi dirección es Rua Triunfo, 19. Santa Teresa. Rio de Janeiro.
Te espero en Brasil.

AL DÍA SIGUIENTE…
¿Y CUÁNTO CUESTA UN BILLETE DE AVIÓN A RÍO DE JANEIRO?
OCHOCIENTOS EUROS EL BILLETE DE IDA Y VUELTA.
GUAUUU, ESO ES MUCHO DINERO…
YO NO TENGO ESE DINERO. ¿Y VOSOTROS?
YO TAMPOCO…
NI YO…
CAFÉ
MÁS TARDE, EN CASA DE DIEGO…
PI PI PI PI PI PI
¿SÍ?
¡PEDRO!
¿QUÉ TAL ESTÁS?
MUY BIEN, CHICOS. LA VERDAD ES QUE ESTE SITIO ES INCREÍBLE. LOS CIENTÍFICOS SABEN MUCHO PARA SU ÉPOCA.
MIRAD, AQUÍ ESTÁ MI AMIGO IMHOTEP. CONSTRUYE UNA GRAN PIRÁMIDE Y YO LE AYUDO UN POCO.
¿TENÉIS NOVEDADES? ¿HABÉIS HABLADO CON ROBERTO?
SÍ, ROBERTO ME ESCRIBIÓ ANOCHE.
DIJO QUE ÉL SABE DÓNDE HAY NIOBIO. NIOBIO MUY PURO. PERO QUE TENEMOS QUE IR A BRASIL. TAMBIÉN DIJO QUE ESTABA EN PELIGRO…
¿ROBERTO ESTÁ EN PELIGRO? ¿POR QUÉ?
NO LO SABEMOS. NOSOTROS PODEMOS IR A BRASIL, LA PRÓXIMA SEMANA YA NO TENEMOS CLASE. PERO NO TENEMOS TANTO DINERO…
¿CUÁNTO NECESITÁIS?
PARA EL AVIÓN Y LA COMIDA… UNOS MIL EUROS CADA UNO…
UMMM… TRES MIL EUROS…

DEBAJO DEL COLCHÓN DE MI CAMA HAY UN SOBRE CON BASTANTE DINERO. PODÉIS USARLO PARA PAGAR EL VIAJE. ME GUSTA EGIPTO, PERO NO QUIERO QUEDARME AQUÍ PARA SIEMPRE. AHORA VOY A APAGAR, ¿VALE? SI HAY NOVEDADES ME LLAMÁIS. ¡UN SALUDO DESDE EL PASADO!
CASI CUATRO MIL EUROS. CREO QUE ES SUFICIENTE…
UNOS DÍAS MÁS TARDE, EN EL AEROPUERTO…
¿TENÉIS TODO? ¿NO HABÉIS OLVIDADO NADA?
NO…
Y DESPUÉS DE UN LARGO VIAJE…
…LOS CHICOS LLEGAN A RÍO DE JANEIRO.
¡MIRAD!… ¡EL CRISTO DEL CORCOVADO!
¿CÓMO PODEMOS IR A ESTA DIRECCIÓN, POR FAVOR?
TENÉIS QUE TOMAR EL AUTOBÚS NÚMERO CINCUENTA Y SIETE. LA ESTACIÓN DE AUTOBUSES ESTÁ AL FINAL DEL PASILLO.
¡GRACIAS!
CREO QUE ESTAMOS CERCA. EL MAPA DICE QUE ES POR ALLÍ.

AQUÍ ES.
TOC TOC TOC
TOC TOC TOC
NO ESTÁ...
¿QUÉ HACEMOS AHORA?
¿BUSCAS A ROBERTO?
ROBERTO NO ESTÁ EN CASA. ¿CÓMO TE LLAMAS, CHICO?
ME LLAMO DIEGO. ¿POR QUÉ?
¿DÓNDE ESTÁ ROBERTO?
SE FUE HACE UNOS DÍAS.
¿DÓNDE SE FUE?
¿DE DÓNDE VENÍS?
DE ESPAÑA, ¿POR QUÉ?
¿PODÉIS ENTRAR EN MI CASA? TENGO UN MENSAJE PARA VOSOTROS.
HACE CALOR, ¿VERDAD? ¿UN POCO DE AGUA?
GRACIAS.
ROBERTO ES MI VECINO. NOS CONOCIMOS HACE QUINCE AÑOS.
USTED DIJO QUE TIENE UN MENSAJE PARA NOSOTROS...
ROBERTO SE FUE DE CASA DE REPENTE, HACE CINCO DÍAS. ME DIJO QUE...
¡GOL! ¡ANDRESINHO! ¡GOL DEL FLAMENGO!
PAPÁ, AHORA ESTOY OCUPADO. TENGO QUE HABLAR CON ESTOS CHICOS...

ROBERTO ES UN BUEN HOMBRE. PASA MUCHO TIEMPO FUERA DE CASA, CON SUS INVESTIGACIONES CIENTÍFICAS.
¿DÓNDE ESTÁ AHORA?
ÉL VINO A MI CASA HACE CINCO DÍAS. TENÍA UNA MOCHILA Y ESTABA NERVIOSO. ME DIJO QUE SE IBA A LA SELVA DEL AMAZONAS. BUSCABA ALGO MUY IMPORTANTE, UN NUEVO METAL CON UNAS CARACTERÍSTICAS INCREÍBLES.
TAMBIÉN ME DIJO QUE ÉL ESTABA EN PELIGRO. ALGUIEN LO VIGILABA. ME PIDIÓ ESPERAR A DIEGO, UN CHICO DE ESPAÑA, PARA DARLE ESTA INFORMACIÓN...
...Y ESTE NÚMERO DE TELÉFONO. ROBERTO QUIERE QUE LE LLAMES AQUÍ.
¡PENALTI! ¡PENALTI!
¿COMEMOS ALGO? YO TENGO HAMBRE...
SI ROBERTO NO ESTÁ EN CASA... ¿DÓNDE VAMOS A DORMIR?
NO TE PREOCUPES. EN ESTA GUÍA DE VIAJE HAY MUCHOS HOSTALES.
Hostel
ESTA HABITACIÓN NO ESTÁ MAL, ¿VERDAD?
SÍ, LA CAMA ES CÓMODA.
CHICOS, VOY A LLAMAR A ROBERTO.
¿HOLA?
¿ROBERTO? SOY DIEGO...
PI PI PI
HA COLGADO...

¿HA COLGADO?
ESPERAD... VIENE UN MENSAJE DE TEXTO...
"HOLA, DIEGO. LO SIENTO, PERO AHORA NO PUEDO HABLAR. ALGUIEN ME VIGILA. COMO TE DIJO MI VECINO, ESTOY EN EL AMAZONAS. POR FAVOR, VEN A TEFÉ RÁPIDAMENTE. TIENES QUE TOMAR UN AVIÓN HASTA MANAOS Y LUEGO UN BARCO. UN SALUDO."
¿TEFÉ?
ESPERA... EN LA HABITACIÓN HAY WIFI. VOY A MIRAR DÓNDE ESTÁ ESE SITIO...
SÍ... ¡AQUÍ ESTÁ! TEFÉ ES UN PUEBLO PEQUEÑO A MÁS DE QUINIENTOS KILÓMETROS DE MANAOS, LA CAPITAL DEL AMAZONAS.
¿CUÁNTO CUESTA UN BILLETE DE AVIÓN HASTA MANAOS?
UMMM... CIENTO OCHENTA EUROS.
¿Y TENEMOS DINERO?
SÍ, TENEMOS SUFICIENTE DINERO. CREO QUE ES IMPORTANTE IR A TEFÉ Y ENCONTRAR A ROBERTO.
Hostel
VALE. PERO ANTES DE IR AL AMAZONAS TENEMOS QUE PONERNOS ALGUNAS VACUNAS.
DOS DÍAS MÁS TARDE...
SÍ, JEFE. LOS CHICOS SE MARCHAN A MANAOS.

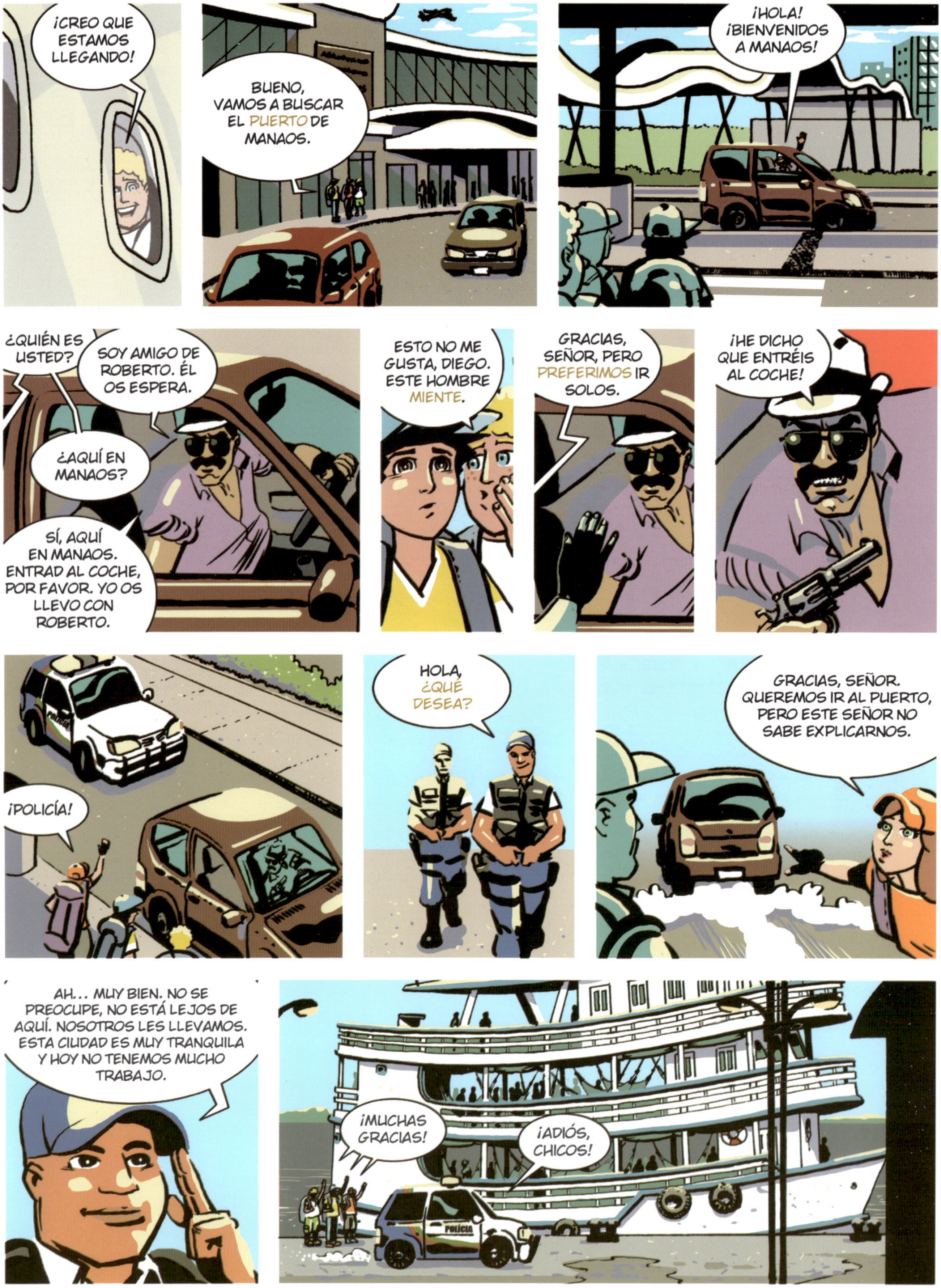

¡CREO QUE ESTAMOS LLEGANDO!
BUENO, VAMOS A BUSCAR EL PUERTO DE MANAOS.
¡HOLA! ¡BIENVENIDOS A MANAOS!
¿QUIÉN ES USTED?
SOY AMIGO DE ROBERTO. ÉL OS ESPERA.
¿AQUÍ EN MANAOS?
SÍ, AQUÍ EN MANAOS. ENTRAD AL COCHE, POR FAVOR. YO OS LLEVO CON ROBERTO.
ESTO NO ME GUSTA, DIEGO. ESTE HOMBRE MIENTE.
GRACIAS, SEÑOR, PERO PREFERIMOS IR SOLOS.
¡HE DICHO QUE ENTRÉIS AL COCHE!
¡POLICÍA!
HOLA, ¿QUÉ DESEA?
GRACIAS, SEÑOR. QUEREMOS IR AL PUERTO, PERO ESTE SEÑOR NO SABE EXPLICARNOS.
AH... MUY BIEN. NO SE PREOCUPE, NO ESTÁ LEJOS DE AQUÍ. NOSOTROS LES LLEVAMOS. ESTA CIUDAD ES MUY TRANQUILA Y HOY NO TENEMOS MUCHO TRABAJO.
¡MUCHAS GRACIAS!
¡ADIÓS, CHICOS!

¡VAMOS! ¡TENEMOS QUE SUBIR A ESE BARCO!
¡ESPERA! ¡ESPERA!
DIEGO, EL HOMBRE DE ANTES TAMBIÉN HA SUBIDO AL BARCO. Y NO ESTÁ SOLO.
VALE. VOY A ESCRIBIR UN MENSAJE A ROBERTO.
Roberto
Hola, Roberto, soy Diego. Estamos en el barco en dirección a Tefé. Hemos salido de Manaos hace diez minutos. Unos hombres muy raros nos siguen. ¿Qué hacemos?
¡ROBERTO ME HA RESPONDIDO! NOS ESPERA EN TEFÉ. ¿VAMOS A LA CAFETERÍA?
Hola, Diego. Gracias por venir. No hables con esos hombres, son peligrosos. Os espero en el puerto de Tefé dentro de dos días.
¡YO GANO OTRA VEZ!
¿QUERÉIS COMER ALGO, CHICOS?
¿QUÉ HAY?
¿QUÉ PREFERÍS? ¿CARNE O PESCADO?
¿TIENES PESCADO DEL RÍO AMAZONAS?
SÍ, CLARO. ¡TENEMOS PIRARUCÚ DE LA MEJOR CALIDAD!
MUY BIEN, YO QUIERO ESO.
¡YO TAMBIÉN!
¡Y YO!

TENGO SUEÑO. VOY A TUMBARME EN LAS HAMACAS DE DENTRO. ¿VENÍS?
HASTA MAÑANA, CHICOS.
UNAS HORAS MÁS TARDE...
TENGO QUE IR AL BAÑO.
¿DÓNDE ESTÁ?
¿DÓNDE ESTÁ ROBERTO ROCHA?
¿?
ES LA ÚLTIMA VEZ QUE TE PREGUNTO, CHICO. ¿DÓNDE ESTÁ ROBERTO ROCHA?
¡CUIDADO, VIENE ALGUIEN!
¡ES EL VIGILANTE! ¡VÁMONOS!
A LA MAÑANA SIGUIENTE...
¡QUÉ BIEN HE DORMIDO, CHICOS! ¿Y VOSOTROS?
MÁS O MENOS...
¿QUIÉN QUIERE UN CAFÉ?
¿PERO QUÉ QUIEREN ESOS TIPOS?
TIENEN MUCHO INTERÉS EN ENCONTRAR A ROBERTO ROCHA. Y PIENSAN QUE NOSOTROS SABEMOS DÓNDE ESTÁ.

¡MIRAD!
¡GUAUU!
¿QUÉ PASA?
¡DELFINES DEL AMAZONAS!
POBRES DELFINES. SON ANIMALES SALVAJES, PERO SI LOS HUMANOS LES DAMOS COMIDA YA NO TENDRÁN MIEDO DE NOSOTROS.
EL BARCO AVANZA LENTAMENTE POR EL GRAN RÍO AMAZONAS.
AL DÍA SIGUIENTE...
Roberto
Hola, Roberto. Dentro de dos horas llegamos a Tefé.
Roberto
Hola, Roberto. Dentro de dos horas llegamos a Tefé.
Perfecto. Un amigo os espera en el puerto, a la salida del barco.
SAÍDA
POR ALLÍ.
¿DIEGO?
SÍ, SOY YO. ¿QUIÉN ES USTED?
SOY AMIGO DE ROBERTO. VAMOS.
CUIDADO, PUEDE SER OTRA TRAMPA...
SEÑOR, QUEREMOS SABER DÓNDE ESTÁ ROBERTO...

Párate un momento

3 **Antes de continuar con la historia, vamos a recordar un poco lo que ha pasado hasta este momento. Relaciona las siguientes frases con alguno de los personajes.**

DIEGO

RAQUEL

HUGO

PEDRO

ROBERTO

	Personaje
1. Ha decidido construir otra máquina del tiempo.	PEDRO
2. Ha tenido buena nota en los exámenes.	
3. Ha hecho un viaje en el tiempo.	
4. Se ha acordado de un amigo de la universidad.	
5. Ha llamado por teléfono a Roberto.	
6. Ha dicho que está en peligro.	
7. Se ha ido de su casa.	
8. Ha dado un mensaje a su vecino para Diego.	
9. No ha querido hablar con Diego por teléfono.	
10. No ha querido subir a un coche con un hombre desconocido.	
11. Ha hablado con la policía.	
12. Se ha despertado por la noche.	

3.1 El pretérito perfecto está compuesto del verbo *haber* y el participio (*hablar* → *hablado*). ¿Recuerdas los participios irregulares? Relaciona estos participios con sus infinitivos.

1. hecho → **d.**
2. dicho
3. escrito
4. roto

a. romper
b. escribir
c. decir
d. hacer

5. visto
6. vuelto
7. puesto
8. resuelto

e. volver
f. poner
g. resolver
h. ver

3.2 ¿Conoces otros participios irregulares? Escríbelos aquí con su infinitivo.

Cubierto					
(Cubrir)					

3.3 Y tú, ¿qué has hecho? Responde estas preguntas con el pretérito perfecto y luego escribe dos informaciones más. *Ejemplo: Yo este año he ido de vacaciones a la playa en Italia, he estado en Sicilia.*

1. ¿Qué has desayunado esta mañana? ....

2. ¿A qué hora te has levantado hoy? ....

3. ¿Qué películas o series has visto este mes? ....

4. ¿Qué notas has sacado en el colegio/instituto este año? ....

5. ¿Qué has hecho en las vacaciones este verano? ....

6. ....

7. ....

3.4 Ahora, cuéntaselo a la clase.

4 Mira estos objetos y relaciónalos con sus nombres.

1. un pasaporte	2. una guía de viajes	3. un trineo	4. un abrigo	5. una brújula	6. crema solar	7. unas vacunas	8. un diccionario
a) 	b) 	c) 	d) 	e) 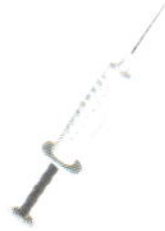	f) 	g) 	h) 

4.1 ¿Recuerdas qué necesitan Diego y sus amigos antes de ir al Amazonas? Completa la frase usando la estructura *tener que* + infinitivo y uno de los objetos de la actividad anterior.

Antes de ir al Amazonas Diego y sus amigos...

4.2 ¿Qué cosas necesitas en las siguientes **situaciones**? Relaciona con los objetos de las imágenes y responde con la estructura *tener que* + infinitivo añadiendo otras cosas necesarias.

Si viajas al Polo Norte	Si vas a otro país	Si haces una excursión a la montaña	Si vas a la playa	Si vas de viaje y no tienes internet
Tienes que...............	....	....	....	....
....	....	....	....	....
....	....	....	....	....

5 Como sabes, ahora Diego y sus amigos están en el Amazonas, en Brasil. Mira estos animales y relaciónalos con su nombre. ¿Cuáles crees que van a encontrarse Diego y su amigos en su aventura?

RINOCERONTE • ANACONDA • TUCÁN • ELEFANTE • LEÓN • MOSQUITO • CAIMÁN • CAMELLO • DELFÍN • ARAÑA

1..............................

2..............................

3..............................

4..............................

5..............................

6..............................

7..............................

8..............................

9..............................

10..............................

Creo que van a encontrarse...

5.1 ¿Cuál es tu animal favorito? ¿Por qué? ¿**Coincides** con algún compañero?

Me gustan .... *porque* ....

6 ¿Qué crees que va a pasar en la historia? ¿Encontrarán a Roberto? ¿Y el metal que necesita Pedro? Escríbelo aquí y sigue leyendo.

....

....

ENCANTADO, SEÑORITA...
¿ROBERTO?
SÍ, SOY ROBERTO ROCHA. ¡BIENVENIDOS AL AMAZONAS!
ENCANTADO, ROBERTO. YO SOY DIEGO, Y ELLOS MIS AMIGOS HUGO Y RAQUEL.
UN COCHE NOS SIGUE...
VALE. ENTRA POR ESE CAMINO.
POR ALLÍ, ¡RÁPIDO!

¡FRENA!
¡FRENA!
¡QUÉ SUERTE HEMOS TENIDO!
¿SUERTE? JA, JA, JA. ESA SUERTE ME HA COSTADO CUATROCIENTOS REALES.
AHORA VAMOS A MI CABAÑA. ESTÁ ESCONDIDA EN LA SELVA.
¿Y CÓMO ESTÁ MI BUEN AMIGO PEDRO?
BUENO...
PEDRO CONSTRUYÓ UNA NUEVA MÁQUINA DEL TIEMPO.
Y DECIDIÓ IR AL ANTIGUO EGIPTO PARA PROBARLA.
LLEGÓ A EGIPTO EN EL AÑO 2600 ANTES DE CRISTO.
PERO EL ACELERADOR DE PARTÍCULAS DE LA MÁQUINA SE QUEMÓ.

Y AHORA NO PUEDE VOLVER DEL PASADO.
POR ESO NECESITAMOS ENCONTRAR MÁS NIOBIO Y ARREGLAR LA MÁQUINA RÁPIDAMENTE.
UMMM... POBRE PEDRO.
ROBERTO, ¿PUEDES AYUDARNOS?
YO SOY CIENTÍFICO, COMO PEDRO. Y HACE DOS AÑOS QUE VENGO AL AMAZONAS PARA BUSCAR UNA MINA DE NIOBIO...
...DE NIOBIO PURO. ESE METAL ES MUY IMPORTANTE PARA LOS CIENTÍFICOS. EL NIOBIO ES UN METAL SUPERCONDUCTOR QUE SIRVE PARA ACELERAR LAS PARTÍCULAS. UNO DE LOS MEJORES...
LA MAYORÍA DEL NIOBIO QUE HAY EN LA TIERRA NO TIENE MUCHA PUREZA. PERO ESTOY SEGURO DE QUE EN MITAD DE LA SELVA DEL AMAZONAS HAY UNA MINA DONDE EL NIOBIO ES PURO AL 100%.
¿Y CÓMO SABES QUE ESA MINA EXISTE?
HACE DOS AÑOS ESTUVE EN LA SELVA BUSCANDO ESA MINA. UN INDIO QUE CONOCÍ EN RÍO DE JANEIRO ME HABLÓ DE ELLA. ME DIJO QUE ERA UNA VIEJA LEYENDA DE LOS INDIOS DEL AMAZONAS...
UNA CUEVA EN MITAD DE LA SELVA CON LAS PAREDES DE UN METAL DURO Y PLATEADO. ME ENSEÑÓ UNA PIEDRA COMO ESTA...
ESTUDIÉ LA PIEDRA. ERA VERDAD. TENÍA NIOBIO DE GRAN PUREZA...
DESPUÉS VINE A LA SELVA Y ESTUVE BUSCANDO LA MINA DURANTE TRES SEMANAS. FUE MUY DURO. LA CUEVA ESTABA ESCONDIDA EN LA PARTE MÁS PROFUNDA...
ESTÁBAMOS AGOTADOS Y SIN COMIDA. A PUNTO DE MORIR. EN ESE MOMENTO PENSÉ QUE LA MINA NO EXISTÍA, QUE TODO ERA MENTIRA...
EMPEZAMOS A VOLVER HACIA EL SUR, PERO NOS PERDIMOS. ENTONCES LLEGARON LOS INDIOS...
¿LOS INDIOS?
SÍ, LOS HOMBRES INVISIBLES. LES LLAMAN ASÍ PORQUE SOLO ALGUNOS HOMBRES BLANCOS LOS HAN VISTO ANTES. LA SELVA DEL AMAZONAS ES TAN GRANDE QUE ALGUNAS TRIBUS DE INDIOS TODAVÍA NO HAN TENIDO CONTACTO CON LA CIVILIZACIÓN.

MIS GUÍAS ESTABAN ASUSTADOS. PERO YO INTENTÉ ESTAR TRANQUILO. LOS INDIOS ERAN NUESTRA ÚNICA OPORTUNIDAD PARA SALIR DE LA SELVA. FUIMOS PACÍFICOS CON ELLOS...
Y LES DIMOS TODAS NUESTRAS COSAS. LAS ARMAS, LA ROPA...
INTENTÉ SER SU AMIGO...
¿Y QUÉ PASÓ DESPUÉS?
LOS INDIOS NOS DIERON COMIDA...
Y NOS DIJERON DÓNDE ESTABA EL CAMINO DE VUELTA...
PERO ANTES NOS DIERON UN REGALO. ALGUNAS PIEDRAS DE NIOBIO. UN NIOBIO PURÍSIMO...
YO QUERÍA PREGUNTARLES POR LA MINA. PERO EN ESE MOMENTO UNA AVIONETA PASÓ POR ENCIMA DE NUESTRAS CABEZAS...
Y LOS INDIOS DESAPARECIERON...
NOSOTROS VOLVIMOS A TEFÉ. TARDAMOS CINCO DÍAS EN LLEGAR.

¿QUIÉNES ERAN LOS HOMBRES DEL AVIÓN?
¿UNA TAZA DE CAFÉ? EL CAFÉ BRASILEÑO ES EXCELENTE...
ERAN HOMBRES BLANCOS. BUSCABAN UN LUGAR PARA ABRIR UNA MINA ILEGAL.
LA SELVA DEL AMAZONAS ESTÁ LLENA DE MINAS ILEGALES. ES TAN GRANDE QUE LA POLICÍA NO PUEDE CONTROLARLAS. ALLÍ LOS DELINCUENTES BUSCAN ORO Y OTROS METALES PRECIOSOS.
DELINCUENTES COMO BENDER.
¿BENDER?
SÍ, BENDER. ES EL HOMBRE QUE NOS SEGUÍA EN SU COCHE HACE UNA HORA.
ÉL SABE QUE YO BUSCO ESA MINA DE NIOBIO PURO. POR ESO ME SIGUE DESDE HACE UN AÑO.
ÉL NOS HA SEGUIDO TAMBIÉN A NOSOTROS.
SÍ, ES NORMAL. TIENE COMPINCHES EN TODO EL PAÍS.
HACE UNA SEMANA TUVE QUE ESCAPAR DE RÍO DE JANEIRO Y ESCONDERME AQUÍ, EN LA SELVA. LOS HOMBRES DE BENDER ENTRARON EN MI CASA Y LO REVOLVIERON TODO. BUSCABAN MAPAS, FOTOS, CUALQUIER INFORMACIÓN SOBRE LA MINA...
¿Y QUÉ VAMOS A HACER?
MAÑANA YO SALGO EN CANOA RÍO ARRIBA. CREO QUE PUEDO ENCONTRAR ESA MINA ANTES QUE BENDER Y CONSEGUIR EL MEJOR NIOBIO PARA LA MÁQUINA DE PEDRO. DURANTE LOS DOS ÚLTIMOS AÑOS HE IDO MÁS VECES A ESA PARTE DE LA SELVA Y POCO A POCO HE HECHO UN MAPA.

QUEREMOS IR CONTIGO.
¿ESTÁIS SEGUROS? LA SELVA NO ES UN JUEGO. ES PELIGROSA.
NO TENEMOS MIEDO. NOSOTROS TAMBIÉN QUEREMOS AYUDAR A PEDRO. ¿A QUÉ HORA NOS VAMOS?
ESTO ES INCREÍBLE. CUÁNTA NATURALEZA.
SÍ. ¡QUÉ SENSACIÓN DE LIBERTAD!
ES MARAVILLOSO, ¿VERDAD?
NO OS PREOCUPÉIS. VAIS A VER MUCHA SELVA EN LOS PRÓXIMOS DÍAS. AHORA NOS TENEMOS QUE ACOSTAR. MAÑANA NOS ESPERA UN LARGO VIAJE.
MUY TEMPRANO POR LA MAÑANA...
¿OS HABÉIS PUESTO EL REPELENTE DE MOSQUITOS?
SÍ, CLARO. ¿QUIERES UN POCO?
VAMOS A PARAR ALLÍ, A DESCANSAR UN POCO.
DOS HORAS MÁS TARDE...

¡MIRAD, CHICOS!
¡UN PEREZOSO!
COMO VEIS, EL PEREZOSO TIENE LA PIEL DE COLOR GRIS. COME HOJAS DE LOS ÁRBOLES Y DUERME CASI TODO EL DÍA. SE LLAMA PEREZOSO PORQUE SE MUEVE MUY LENTAMENTE.
¿TENÉIS HAMBRE?
¡BUENAS NOCHES!
¡BUENAS NOCHES!
¡HASTA MAÑANA!
AMANECE EN LA GRAN SELVA...
BUENO, CHICOS, ¿PREPARADOS PARA REMAR UN POCO?
ANTES VAMOS A DESAYUNAR...
¡AYYYYY!
¡AYYYY! ¡QUÉ DOLOR!
¿QUÉ PASA, HUGO?
¡UNA TARÁNTULA! ¡LE HA PICADO UNA TARÁNTULA!

ROBERTO, ¿QUÉ LE VA A PASAR?
NO TE PREOCUPES. LA PICADURA DE ESTA TARÁNTULA NO MATA A LAS PERSONAS. HUGO TENDRÁ DOLOR Y UNA HINCHAZÓN GRANDE DURANTE UNOS DÍAS. NO PODRÁ ANDAR MUCHO. PERO NADA MÁS.
VUESTRO AMIGO TIENE QUE DESCANSAR. NO PUEDE VENIR CON NOSOTROS. PAULO LE LLEVARÁ A LA CABAÑA Y LE DARÁ MEDICINAS.
LO SIENTO, CHICOS, ¡QUÉ MALA SUERTE!
NO TE PREOCUPES, TE PONDRÁS BIEN.
DESCANSA UN POCO, HUGO. VOLVEREMOS A LA CABAÑA MUY PRONTO.
BUENO, NOSOTROS TENEMOS QUE SEGUIR NUESTRO CAMINO. TENEMOS QUE IR RÍO ARRIBA TODO EL DÍA. HASTA LLEGAR A UN LAGO PEQUEÑO.
VAYA, VAYA... PARECE QUE ESOS DOS VUELVEN A CASA...
¿ES ROBERTO?
NO, NO ES ROBERTO. VAMOS A LAS CANOAS. SEGUIMOS RÍO ARRIBA.
TENEMOS QUE TENER CUIDADO. ESTE RÍO ES PELIGROSO. HAY CAIMANES Y PIRAÑAS.

POR LA TARDE...
UUFF... ESTOY CANSADÍSIMO. NUNCA HE REMADO TANTO EN MI VIDA.
SÍ... ¡Y CUÁNTOS MOSQUITOS!
HOY HEMOS AVANZADO MUCHO. VAMOS A ACAMPAR AQUÍ Y MAÑANA SEGUIMOS.
AHORA VOY A PESCAR UN POCO...
¡GUAUU!... ¡QUÉ GRANDE ES! ¿CÓMO SE LLAMA ESTE PEZ?
SE LLAMA TAMBAQUI. ES UN PEZ DEL AMAZONAS. ¿ME AYUDÁIS CON EL FUEGO?
UNA HORA MÁS TARDE...
¿VAMOS AHORA, JEFE?
NO, HOY NO. MAÑANA. CON LA LUZ DEL DÍA SERÁ MÁS FÁCIL.
GRRRRR RRR
¿QUÉ ES ESO?
NO ESTOY SEGURO... PERO PARECE EL RUGIDO DE UN JAGUAR.
¿HAY... HAY JAGUARES POR AQUÍ?
¡PUES CLARO! ¡ESTAMOS EN MEDIO DE LA SELVA! ¿RECUERDAS?
TRANQUILOS. LOS ANIMALES NO VIENEN AL FUEGO. SI EL FUEGO ESTÁ ENCENDIDO, NO HAY PROBLEMA.
EL DÍA SIGUIENTE NUESTROS AMIGOS SIGUEN REMANDO SIN PARAR...

ALLÍ ESTÁN. ¡VAMOS, REMAD!
DESPUÉS DE ALGUNAS HORAS...
ALLÍ ES, CHICOS... ¡EL LAGO!
DESDE AQUÍ TENEMOS QUE SEGUIR A PIE.
BANG
CROC
¡CUIDADO! ¡NOS DISPARAN!
BANG
BANG
BANG
¡POR AQUÍ!
¡ÁNIMO, DIEGO!
¡VAMOS! ¡A POR ELLOS!
¡RÁPIDO!

¡VAMOS!
¡VEN AQUÍ!
CRASH
¡SOCORRO!
¡SOCORRO!
VAMOS. NO PODEMOS PERDER MÁS TIEMPO.
¿QUIÉNES SON ESOS HOMBRES?
¡ES BENDER! ¡ME HA ENCONTRADO!
EN LA PERSECUCIÓN HE PERDIDO EL CAMINO. PERO LA BRÚJULA DICE QUE TENEMOS QUE IR HACIA EL ESTE.
ZAAAAS
ZAAAAS

¡QUÉ CALOR!
BEBE UN POCO DE AGUA.
TRES HORAS MÁS TARDE...
¿QUÉ ES ESO?
ES UNA MINA DE ORO ILEGAL. PARECE NUEVA.
ESTAS MINAS SON TERRIBLES PARA EL MEDIOAMBIENTE. DESTRUYEN LOS ÁRBOLES Y ENVENENAN LA TIERRA Y LOS RÍOS.
Y LOS ANIMALES Y LOS INDIOS QUE VIVEN AQUÍ SE TIENEN QUE IR.
ESO ES HORRIBLE.
SÍ, RAQUEL. HORRIBLE. POR ESO BENDER NO DEBE ENCONTRAR LA MINA DE NIOBIO. VAMOS, SEGUIMOS ANDANDO HACIA EL ESTE.
¡NOS HAN VISTO! ¡VÁMONOS!
¡LA CASCADA! MUY BIEN, YA SÉ DÓNDE ESTAMOS. AHORA TENEMOS QUE IR HACIA EL NORTE.
DOS HORAS MÁS TARDE...

POR AQUÍ NO ES PROFUNDO. VAMOS.
¡SOCORRO!
¡TENGO ALGO EN LA PIERNA!
¡UNA ANACONDA!
¡UUUGGHHH! ¡DIEGO, AYÚDAME!
¡SI METE A RAQUEL EN EL AGUA ES EL FIN!
UUFF… YA ESTÁ…
HAN PASADO POR AQUÍ.
MUY BIEN.
DORMIMOS AQUÍ Y MAÑANA SEGUIMOS ¿VALE?
A SOLO UN KILÓMETRO DE DISTANCIA…
JEFE, NO TENGO FUERZAS. NO HEMOS COMIDO EN TODO EL DÍA.
ESTÁ BIEN, VOY A CAZAR ALGO.
BANG

ES BENDER. ESTÁ CERCA.
¡UN CAPIBARA! ¡BIEN!
AL DÍA SIGUIENTE...
¿ESTÁIS LISTOS?
AQUÍ EL MAPA SE TERMINA...
¡MIRAD!
INDIOS.
¿INDIOS?
SÍ. LAS TORTUGAS SON UNA DE LAS COMIDAS FAVORITAS DE LOS INDIOS DEL AMAZONAS. AHORA ESTAMOS EN SU TERRITORIO. VAMOS.
MIRAD, ESTAS ROCAS YA TIENEN MUCHO NIOBIO. CREO QUE NO ESTAMOS LEJOS DE LA MINA.

¿NO QUIERES SEGUIR?
NO, SEÑOR. ESTE ES EL TERRITORIO DE LOS HOMBRES INVISIBLES. ES PELIGROSO.
¡VAMOS, MIEDICA! ¡ADELANTE!
POR ALLÍ.
YO TAMBIÉN...
TENGO HAMBRE.
YA NO HAY MÁS COMIDA, CHICOS.
PUEDO CAZAR ALGÚN ANIMAL CON MI RIFLE...
PERO BENDER Y SUS HOMBRES PUEDEN ESCUCHARNOS...
MIENTRAS TANTO, EN TEFÉ...
¡PEDRO! ¿CÓMO ESTÁS? ¿CÓMO VA TODO POR ALLÍ?
NO ESTOY MAL, HUGO... ESTAR EN EL ANTIGUO EGIPTO Y VER CONSTRUIR ESTAS PIRÁMIDES TAN IMPRESIONANTES ES UN PRIVILEGIO.
YA SÉ CÓMO SUBEN ESAS PIEDRAS TAN GRANDES POR LA PIRÁMIDE. LAS SUBEN POR UNAS RAMPAS QUE HAY A LOS LADOS...
GUAAUU
¿Y DIEGO Y RAQUEL? ¿ESTÁN CONTIGO?
NO, ESTÁN EN LA SELVA CON ROBERTO. BUSCAN NIOBIO PURO PARA TU MÁQUINA. YO TUVE UN ACCIDENTE Y LES ESPERO EN LA CABAÑA DE ROBERTO, EN TEFÉ.

GRACIAS, HUGO. SI HAY NOVEDADES ME LLAMAS, ¿VALE?
FIUUU
¡ADIÓS!
MUY LEJOS, EN LO MÁS PROFUNDO DE LA SELVA...
NO SÉ QUÉ HACER. NOS HEMOS PERDIDO...
AGUA... ¿TENEMOS AGUA?
¡AAAAHHH!
¡ROBERTO! ¿ESTÁS BIEN?
¡ROBERTO!
¡ESTOY BIEN! ¡ESTO ES INCREÍBLE!
¡VENID!
VAMOS, ¡SALTAD!
PERO ESTÁ OSCURO...
NO PASA NADA... ¡SALTAD!
¡AAAAHHH!
¡DIEGO! ¡ESTOY AQUÍ!
¡AAAAHHH!

GUAUUU... ESTO ES PRECIOSO...
SÍ... ¡ES IMPRESIONANTE!
BEBED AGUA, CHICOS. ES AGUA POTABLE. DESPUÉS VAMOS POR ESE TÚNEL.
DIEZ MINUTOS MÁS TARDE...
OTRA GALERÍA...
¡ESPERAD!
¡ES NIOBIO!
¡UN NIOBIO PURÍSIMO!
¡HEMOS ENCONTRADO LA MINA!
¡SÍ! ¡LA HEMOS ENCONTRADO!
¡NO TAN RÁPIDO!
JEFE, CREO QUE ES LA MINA QUE BUSCAMOS, JE, JE, JE.
SÍ, ESE TONTO NOS HA TRAÍDO HASTA AQUÍ, JE, JE, JE.

¡ERES UNA RATA, BENDER!
¡CÁLLATE, IDIOTA!
¡MÁTALOS!
¡!
CLINC
FIUUUU
FIUUUU
BANG
BANG
FIUUUU
FIUUUU

¡AAAGGHHH!
BANG
CRAC
¡AY!
TUC
DILE A LOS INDIOS QUE VOSOTROS OS VAIS DE AQUÍ AHORA MISMO. Y QUE NUNCA MÁS VOLVERÉIS. ES VUESTRA ÚNICA POSIBILIDAD DE SALIR CON VIDA DE AQUÍ.
AI-PICÍ YFÍEE. CHEMBOE BAGUÉ CBERE. CÓ REBÉ AIPÍCÍ. ANOYNGATÚ YÑEEN- GUÉRA.
¡NDATEY TECATÚ ETÉ Y CHU-GUI EÍEPE ÁBO!

UNA HORA DESPUÉS...
¿SOMOS LOS PRIMEROS HOMBRES DE CIUDAD QUE HAN LLEGADO A ESTE PUEBLO?
TAL VEZ...
ESTA HERIDA ES PROFUNDA. Y ESTÁ INFECTADA.
UN MOMENTO. CREO QUE TENGO ALGUNAS MEDICINAS.
PRIMERO LIMPIAMOS LA HERIDA...
¡AAHHH!

DESPUÉS LA TAPAMOS...
Y AHORA LE DAMOS UN ANTIBIÓTICO.
UNOS DÍAS MÁS TARDE...
¡NOS REGALAN NIOBIO! ¡QUÉ BIEN!
ENTONCES...
... TRAS UN LARGO VIAJE POR LA SELVA...

... NUESTROS AMIGOS LLEGAN A TEFÉ...
...Y LENTAMENTE SE DESPIDEN DE LA GRAN SELVA DEL AMAZONAS.

MÁS TARDE VUELVEN A RÍO DE JANEIRO…
… Y DESPUÉS A CASA…
¡PEDRO!
¡MI BUEN AMIGO ROBERTO!
HASTA QUE POR FIN…
ZZZ
… LA MÁQUINA FUNCIONA DE NUEVO…
ADIÓS, AMIGO. HE APRENDIDO MUCHO CONTIGO.

FZZZZZZZZ
FZZZZZZZZZZ
FZZZZZ
¡POR FIN!
¡PEDRO HA VUELTO!
¡CUÁNTO TIEMPO, AMIGO!
SÍ, MÁS DE CUATRO MIL AÑOS, JA, JA, JA.
CALIMAN
FIN

Ponte a prueba

7 ¿Tienes buena memoria? Escribe las palabras a las que se refieren los pronombres en negrita.

	Palabras
1. Pedro **le** llamó para pedirle ayuda.	A DIEGO
2. **La** construyeron en unos meses.	
3. Pedro **les** dio dinero para el viaje.	
4. **Lo** vieron desde el avión al llegar a Brasil.	
5. Pedro **lo** conoció en la universidad.	
6. Raquel **les** pidió ayuda para ir al barco.	
7. Roberto **la** buscaba desde hace años.	
8. **Le** picó una tarántula.	
9. **Los** siguieron Bender y sus compinches.	
10. **Las** comen los indios.	

7.1 Ahora responde estas otras preguntas **sustituyendo** las palabras en negrita por algún pronombre *(lo/la/los/las/le/les)*.

1. ¿Dónde hay **niobio**?

   Lo hay en pocos países.

2. ¿Dónde vieron **delfines**?

   ....

3. ¿Qué dio el vecino de Roberto **a Diego**?

   ....

4. ¿Cómo subían los egipcios **las piedras** a las pirámides?

   ....

5. ¿Cómo descubrió Roberto **la cueva**?

   ....

6. ¿Qué dieron los indios a **Diego y sus amigos**?

   ....

8 ¿Recuerdas cómo Roberto descubrió que había niobio puro en el Amazonas? Lee de nuevo su historia y marca todos los verbos en pasado que encuentres.

Hace dos años estuve en la selva buscando esa mina. Un indio que conocí en Río de Janeiro me habló de ella. Me dijo que era una vieja leyenda de los indios del Amazonas.

Una cueva en mitad de la selva con las paredes de un metal duro y plateado. Me enseñó una piedra como esta. Estudié la piedra. Era verdad. Tenía niobio de gran pureza.

Después vine a la selva y estuve buscando la mina durante tres semanas. Fue muy duro. La cueva estaba escondida en la parte más profunda. Estábamos agotados y sin comida. A punto de morir. En ese momento pensé que la mina no existía, que era todo mentira. Empezamos a volver hacia el sur, pero nos perdimos.

Entonces llegaron los indios. Mis guías estaban asustados, pero yo intenté estar tranquilo. Los indios eran nuestra única oportunidad para salir de la selva. Fuimos pacíficos con ellos y les dimos todas nuestras cosas. Las armas, la ropa... Intenté ser su amigo.

Los indios nos dieron comida y nos dijeron dónde estaba el camino de vuelta. Pero antes nos dieron un regalo: algunas piedras de niobio. Un niobio purísimo. Yo quería preguntarles por la mina. Pero en ese momento una avioneta pasó por encima de nuestras cabezas y los indios desaparecieron.

8.1 ¿En qué tiempo están los verbos de la actividad 8? **Clasifícalos** en el cuadro y escribe su infinitivo.

Pretérito indefinido	Pretérito imperfecto
Estuve (estar)	*Era (ser)*

8.2 ¿Qué verbos son irregulares en el pretérito indefinido? ¿Y en imperfecto? Escríbelos aquí y **añade** otros si puedes.

Irregulares en indefinido: ....

Irregulares en imperfecto: ....

8.3 Lee estas otras **anécdotas** que cuentan nuestros personajes y **complétalas** con los verbos entre **paréntesis** en pretérito indefinido o imperfecto.

DIEGO

Roberto, Raquel y yo (estar) **1**................. caminando por la selva para encontrar la cueva. ¡(Nosotros, estar) **2**................. perdidos! Raquel y yo (parar) **3**................. para beber agua y, de repente, (escuchar) **4**................. un grito de Roberto. (Nosotros, ir) **5**................. para ver qué había pasado: se había caído y (él, estar) **6**................. en el fondo de una trampa. Raquel y yo (saltar) **7**................. y (empezar) **8**................. a caminar por la cueva, que (ser) **9**................. muy grande. De repente, Roberto (ver) **10**................. algo brillante: ¡(ser) **11**................. niobio purísimo!

RAQUEL

Cuando (nosotros, salir) **1**................. del aeropuerto en Manaos, un hombre, que (estar) **2**................. en un coche, nos (él, llamar) **3**................. y nos (decir) **4**................. que (ser) **5**................. amigo de Roberto. Hugo (pensar) **6**................. que (él, ser) **7**................. un poco raro y le (nosotros, decir) **8**................. que (preferir) **9**................. ir solos. Entonces, él (sacar) **10**................. un arma y nos (decir) **11**................. que teníamos que subir al coche. En ese momento, (yo, ver) **12**................. unos policías y los (llamar) **13**................. Entonces, el hombre del coche (encender) **14**................. el motor y (irse) **15**.................

HUGO

Cuando (yo, llegar) **1**................. a la cabaña (yo, estar) **2**................. muy preocupado por la picadura porque (a mí doler) **3**................. mucho, pero Paulo me (dar) **4**................. medicinas y el dolor (desaparecer) **5**................. muy rápido. La verdad es que (ser) **6**................. unos días muy aburridos hasta que (llegar) **7**................. Diego y Raquel.

PEDRO

Cuando (yo, ser) **1**................. pequeño, (a mí, gustar) **2**................. mucho todas las historias de faraones y pirámides, así que cuando Hugo me (preguntar) **3**................. dónde (yo, querer) **4**................. ir, (decidir) **5**................. Egipto en el año 2600 a. C. ¡(Ser) **6**................. increíble ver cómo (ellos, construir) **7**................. las pirámides!

8.4 Escribe tú ahora una anécdota personal: un viaje, cuándo conociste a tu mejor amigo/a, un cumpleaños, etc. Aquí tienes unas preguntas para tener ideas, no es necesario que respondas todas.

¿Cuándo fue? ¿Cuántos años tenías? ¿Dónde estabas? ¿Con quién estabas? ¿Qué pasó? ¿Por qué pasó? ¿Qué hiciste tú? ¿Cuánto duró? ¿Cómo te sentiste? ¿Qué tal fue?

....

....

....

....

....

9 Mira esta viñeta del cómic. ¿Qué les pregunta Roberto a Diego y Raquel? Elige la opción correcta.

A) Roberto pregunta si son inteligentes.

B) Roberto pregunta si están preparados.

9.1 En español hay adjetivos con diferente significado si se usan con *ser* o con *estar*, como *listo/a*. Aquí tienes otros. Relaciona los adjetivos en negrita con algún significado del cuadro.

Ser	Estar
1. Bender es muy **rico**, tiene mucho dinero por las minas de oro. ☐	2. El pirarucú estaba muy **rico**, tenía un sabor maravilloso. ☐
3. Raquel es muy **lista**, siempre saca buenas notas. ☐	4. La máquina no estaba **lista**, necesitaba el niobio. ☐
5. Hugo es muy **bueno**; le gusta ayudar a la gente. ☐	6. La comida del restaurante no estaba muy **buena**: la sopa estaba fría. ☐
7. El niobio se quemó porque era **malo**. ☐	8. Hugo estuvo **malo** unos días por la picadura de la tarántula. ☐
9. Los guantes que lleva Diego son **negros**. ☐	10. La profesora está **negra** con Hugo, siempre llega tarde. ☐
11. La selva es muy **verde**, ¡hay tantos árboles! ☐	12. La fruta todavía está **verde**, no se puede comer. ☐
13. Diego es una persona muy **abierta**; habla con todo el mundo. ☐	14. La puerta del avión está **abierta**, podemos pasar. ☐
15. Hugo es un poco **cerrado**, solo habla con sus amigos. ☐	16. Cuando llegaron a casa de Roberto, la puerta estaba **cerrada** y no había nadie. ☐

a) persona con dinero. b) ser delicioso/a. c) inteligente. d) mala calidad. e) enfadado/a. f) color de muchas hojas. g) resultado de abrir. h) tímido. i) preparado/a. j) buen comportamiento. k) enfermo/a. l) tener buen sabor. m) color muy oscuro. n) no maduro/a. o) extrovertido/a. p) resultado de cerrar.

9.2 Ahora escribe tú cuatro frases usando dos adjetivos que cambian de significado de la actividad 9.1.

1. ....
2. ....
3. ....
4. ....

10 Responde estas preguntas sobre el cómic o habla con tu compañero/a sobre ellas.

1. ¿Te ha gustado la historia? ☐ Sí ☐ No ¿Por qué?...
....

2. ¿Ha sido difícil entenderla? ☐ Sí ☐ No ¿Qué parte ha sido más difícil?.................................
....

3. ¿Has aprendido cosas interesantes con el cómic? ☐ Sí ☐ No ¿Cuáles?......................................
....

4. ¿Qué piensas de los personajes?

Diego:	Raquel:	Hugo:	Pedro:	Roberto:	Otros:

5. **Valora** las diferentes partes del cómic:

Me ha parecido interesante cuando...	Me ha parecido **sorprendente** cuando...
Me ha parecido aburrido cuando...	Me ha parecido **emocionante** cuando...

10.1 Ahora la máquina de Pedro ya tiene niobio y pueden viajar en el tiempo. ¿Dónde crees que irán en la próxima aventura? ¿Para qué? Háblalo con tus compañeros.

Creo que irán a .... *para* ....

Glosario

ESPAÑOL	INGLÉS	FRANCÉS
Página 4		
Generoso/a	Generous	Généreux/généreuse
A todas partes	Everywhere	Partout
Glotón/glotona	Greedy	Gourmand/gourmande
Llevarse bien	To get along	S'entendre bien
Inventar	To invent	Inventer
Localización	Location	Situation
Marcar	To mark	Signaler
Página 5		
Pasar	To pass	Passer
Ir	To go	Aller
Vivir	To live	Vivre
Corazón	Heart	Coeur
Página 6		
Invitar	To invite	Inviter
Enseñar	To show	Montrer
Usar	To use	Utiliser
Página 7		
Olvidar	To forget	Oublier
Contar	To tell	Raconter
Detener	To arrest	Arrestation
Banda	Gang	Bande
Dar	To give	Donner
Ejército	Army	Armée
Arma	Weapon	Arme
Potente	Powerful	Puissant/puissante
Seguridad	Safety	Sécurité
Pieza	Parts	Pièce
Preparado/a	Ready	Prêt/prête
Ayudar	To help	Aider
Construir	To build	Construire
Página 8		
Todavía	Still	Toujours
¡Ya está!	That's it!	Ça y est!
Probar	To test / To try	Essayer
Sitio	Place	Lieu
Soñar	To dream	Rêver
Página 9		
Aparato	Device	Appareil
Antes de Cristo	BC / Before Christ	Avant Jésus-Christ
Página 10		
Frutos secos	Nuts	Fruits secs
Apagado/a	Turned off	Éteint/éteinte
Página 11		
Encender	To turn on	Allumer
Batería	Battery	Batterie
Cargar	To charge	Charger
Pulsar	To push	Appuyer
Llamar	To call	Appeler
Raro/a	Rare	Bizarre
Página 12		
Compartimento	Compartment	Compartiment
Plano	Blueprint	Plan
Oler	To smell	Sentir
Quemado/a	Burnt	Brûlé/brûlée
Acelerador de partículas	Particle accelerator	Accélérateur de particules
Página 13		
Resistente	Durable	Résistant/résistante
Niobio	Niobium	Niobium
Calentarse	To get warm	Chauffer
Demasiado/a	Too much	Trop
Fundirse	To melt	Fondre
Escritorio	Desk	Bureau
Existir	To exist	Exister
Página 14		
Cambiar	To change	Changer
Gastar	To use up	Utiliser
Electricidad	Electricity	Électricité
Novedad	News	Nouveauté
Quedar	To remain	Rester
Responder	To answer	Répondre

ESPAÑOL	INGLÉS	FRANCÉS
Pobre	Poor	Pauvre
Antiguo/a	Ancient	Antique
¡Vaya!	Wow!	Waouh!
Sentir	To be sorry	Regretter
Selva	Jungle	Jungle
Puro/a	Pure	Pur/pure
Peligroso/a	Dangerous	Dangereux/dangereuse
Página 15		
Época	Time	Époque
Construir	To build	Construire
Clase	Class	Cours
Página 16		
Colchón	Matress	Matelas
Sobre	Envelope	Enveloppe
Casi	Nearly	Presque
Pasillo	Hall	Couloir
Página 17		
Vecino/a	Neighbour	Voisin/voisine
Conocerse	To meet	Se connaître
Hace	Ago	Il y a
De repente	Suddenly	Précipitamment
Ocupado/a	Busy	Occupé/occupée
Página 18		
Investigación	Research	Recherche
Venir	To come	Venir
Mochila	Backpack	Sac à dos
Nervioso/a	Nervous	Nerveux/nerveuse
Irse	To leave	Partir
Buscar	To search	Chercher
Característica	Property	Caractéristique
Vigilar	To watch	Surveiller
Pedir	To ask	Demander
Guía de viaje	Guide book	Guide de voyage
Hostal	Hostel	Auberge de jeunesse
Cómodo/a	Comfortable	Confortable/confortable
Colgar	To hang up	Raccrocher
Página 19		
Suficiente	Enough	Suffisamment
Vacuna	Vaccinations	Vaccin
Marcharse	To leave	Partir
Página 20		
Puerto	Port	Port
Mentir	To lie	Mentir
Preferir	To prefer	Préférer
¿Qué desea?	What do you want?	Qu'est-ce que vous voulez?
Página 21		
Seguir	To follow	Suivre
Ganar	To win	Gagner
Página 22		
Tumbarse	To lie down	S'allonger
Hamaca	Hammock	Hamac
Vigilante	Guard	Gardien
¡Vámonos!	Let's go!	Partons!
Más o menos	So so	Plus ou moins
Tipo	Guy	Type
Interés	Interest	Intérêt
Página 23		
Salvaje	Wild	Sauvage
Tener	To have	Avoir
Miedo	Fear	Peur
Trampa	Trap	Piège
Página 25		
Situación	Situation	Situation
Coincidir	To coincide	Coïncider
Página 27		
Frenar	To brake	Freiner
¡Qué suerte!	What luck!	Quelle chance!
Tener	To have	Avoir
Costar	To cost	Coûter
Real	Real (Brazil currency)	Real (monnaie du Brésil)
Cabaña	Cottage	Cabane
Escondido/a	Hidden	Caché/cachée

ESPAÑOL	INGLÉS	FRANCÉS
Decidir	To decide	Décider
Página 28		
Arreglar	To fix	Réparer
Mina	Mine	Mine
Superconductor	Superconductor	Supraconducteur
Mayoría	The majority	Majorité
Seguro/a	Sure	Sûr/sûre
En mitad de	In the middle of	Au milieu de
Leyenda	Legend	Légende
Cueva	Cave	Grotte
Pared	Wall	Paroi
Plateado/a	Silver	Argenté/argentée
Piedra	Stone	Pierre
Verdad	True	Vérité
Durante	For	Pendant
Duro/a	Hard	Dur/dure
Profundo/a	Deep	Profond/profonde
Agotado/a	Exhausted	Épuisé/épuisée
A punto de	On the point of	Sur le point de
Perderse	To be lost	Se perdre
Ver	To see	Voir
Tribu	Tribe	Tribu
Tener	To have	Avoir
Página 29		
Guía	Guide	Guide
Pacífico/a	Peaceful	Pacifique
Desaparecer	Disappear	Disparaître
Página 30		
Ilegal	Illegal	Illégal/illégale
Controlar	To control	Contrôler
Delincuente	Offender	Délinquant
Precioso/a	Precious	Précieux/précieuse
Compinche	Buddy	Complice
Escapar	To escape	S'échapper
Revolver	To stir	Remuer
Canoa	Canoe	Canoë
Página 31		
Libertad	Freedom	Liberté
Repelente	Repellent	Anti-moustique
Página 32		
Perezoso/a	Sloth	Paresseux
Moverse	To move	Se déplacer
Amanecer	To dawn	Se lever
Remar	To row	Ramer
Dolor	Pain	Douleur
Picar	To bite	Piquer
Página 33		
Matar	To kill	Tuer
Hinchazón	Swelling	Gonflement
Poder	Can	Pouvoir
Llevar	To take	Amener
Dar	To give	Donner
¡Qué mala suerte!	What a bad luck!	Pas de chance!
Ponerse bien	To get well	Aller mieux
Volver	To return	Rentrer
Vaya, vaya	Whoa!	Tiens! Tiens!
Página 34		
Avanzar	To make progress	Avancer
Acampar	To camp	Camper
Ser	To be	Être
Jefe/a	Boss	Chef/cheffe
Rugido	Roar	Rugissement
Página 35		
Disparar	To shoot	Tirer
¡Ánimo!	Come on!	Courage!
Página 36		
Venir	To come	Venir
Encontrar	To find	Trouver
Persecución	Chase	Poursuite
Perder	To lose	Perdre
Brújula	Compass	Boussole
Página 37		

ESPAÑOL	INGLÉS	FRANCÉS
Oro	Gold	Or
Medioambiente	Environment	Environnement
Destruir	To destroy	Détruire
Envenenar	To poison	Empoisonner
Deber	Must	Devoir
Cascada	Waterfall	Cascade
Página 38		
Meter	To put	Mettre
Fin	The end	Fin
Fuerza	Energy/strength	Force
Está bien	It's ok	D'accord
Página 39		
Estar listo/a	To be ready	Être prêt/prête
Tortuga	Tortoise	Tortue
Territorio	Territory	Territoire
Roca	Rock	Rocher
Página 40		
Miedica	Chicken	Froussard
¡Adelante!	Forward!	En avant!
Rifle	Rifle	Fusil
Impresionante	Impressive	Impressionnant/e
Privilegio	Privilege	Privilège
Rampa	Ramp	Rampe
Lado	Side	Côté
Tener	To have	Avoir
Página 41		
Saltar	To jump	Sauter
No pasa nada	Don't worry	C'est bon
Página 42		
Precioso/a	Beautiful	Beau/belle
Beber	To drink	Boire
Potable	Drinkable	Potable
Túnel	Tunnel	Tunnel
Galería	Chamber	Galerie
Esperar	To wait	Attendre
Tonto/a	Idiot	Idiot/idiote
Traer	To bring	Amener
Página 43		
Rata	Rat	Rat
Callarse	To shut up	Se taire
Página 44		
Decir	To say	Dire
Volver	Come back	Retourner
Único/a	Only	Unique
Con vida	Alive	Vivant
Página 45		
Llegar	To arrive	Arriver
Pueblo	Village	Village
Herida	Wound	Blessure
Infectado/a	Infected	Infecté/infectée
Página 46		
Tapar	To cover	Couvrir
Página 47		
Despedirse	To say goodbye	Dire au revoir
Página 48		
Aprender	To learn	Apprendre
Página 49		
Volver	To return	Rentrer
Página 50		
Tener memoria	To have memory	Avoir de la mémoire
Referirse	To refer to	Se référer
Sustituir	To replace	Remplacer
Página 51		
Clasificar	To sort	Classer
Añadir	To add	Ajouter
Anécdota	Anecdote	Anecdote
Completar	To complete	Compléter
Paréntesis	Bracket	Parenthèses
Página 53		
Valorar	To evaluate	Evaluer
Sorprendente	Surprising	Suprenant/surprenante
Emocionante	Exiciting	Émouvant/émouvante

Soluciones

1

Diego: **4** (*es valiente*), **6** (*es generoso*); **Raquel**: **3** (*montar en monopatín*), **5** (*es muy simpática*); **Hugo**: **1** (*es glotón*), **2** (*tiene un corazón grandísimo*).
1.1. 1: científico. 2: trabaja. 3: universidad. 4: máquina.

2

1: Norte de África. **2:** El Cairo. **3:** 95 millones. **4:** Rojo, blanco y negro. **5:** Posible respuesta: Nilo, desierto arábigo, oasis, península y monte del Sinaí, mares Mediterráneo y Rojo. **6:** Posible respuesta: Ciudades (El Cairo, Alejandría), pirámides (Guiza), templos (Luxor), playas, (Sharm el-Sheij). **7:** Posible respuesta: Baba ghannoush (puré de berenjenas con ajo), Fatta (plato de carne con arroz y yogur), kebab, sopa de lentejas o baklava. **8:** Posible respuesta: Nefertiti, Tutankamón, Cleopatra, Nasser.
2.1. b.

3

Diego: 5, 12. **Raquel:** 2, 11. **Hugo:** 10. **Pedro:** 1, 3, 4. **Roberto:** 6, 7, 8, 9.
3.1. 1-d; 2-c; 3-b; 4-a; 5-h; 6-e; 7-f; 8-g.
3.2. Respuesta libre.
3.3. Respuesta libre.
3.4. Respuesta libre.

4

1-g; 2-a; 3-h; 4-b; 5-c; 6-f; 7-e; 8-d.
4.1. *Antes de ir al Amazonas Diego y sus amigos tienen que ponerse algunas vacunas.*
4.2. Posible respuesta: 1) Si viajas al Polo Norte *tienes que llevar un abrigo, tienes que montar en trineo, tienes que llevar una brújula y tienes que dormir en un iglú.* 2) Si vas a otro país, *tienes que llevar pasaporte, tienes que llevar diccionario y tienes que comprar recuerdos.* 3) Si haces una excursión a la montaña, *tienes que llevar una brújula, tienes que ponerte botas y llevar ropa cómoda.* 4) Si vas a la playa, *tienes que ponerte crema solar, tienes que llevar bañador, toalla y unas gafas de bucear.* 5) Si vas de viaje y no tienes internet, *tienes que llevar una guía, un mapa y un libro.*

5

1. Camello; **2.** Rinoceronte; **3.** Tucán; **4.** Anaconda; **5.** Elefante; **6.** Mosquito; **7.** Delfín; **8.** León; **9.** Caimán; **10.** Araña.
5.1. Respuesta libre.

6

Respuesta libre.

7

1-A Diego; 2-La máquina del tiempo; 3-A Diego, Raquel y Hugo; 4-El Cristo del Corcovado; 5-A Roberto; 6-A los policías; 7-La mina; 8-A Hugo; 9-A Diego, Raquel y Roberto; 10-Las tortugas.
7.1. Posibles respuestas: 2- **Los** vieron en el río Amazonas. 3- **Le** dio un número de teléfono. 4- **Las** subían por unas rampas. 5- **La** descubrió porque se cayó en una trampa. 6- **Les** dieron niobio.

8

Pretérito Indefinido: *estuve, conocí, habló, dijo, enseñó, Estudié, vine, estuve, Fue, pensé, Empezamos, perdimos, llegaron, intenté (2), Fuimos, dimos, dieron (2), dijeron, pasó, desaparecieron.*
Pretérito Imperfecto: *era (2), tenía, estaba, buscaba, se escondía, Estábamos, existía, estaban, eran, teníamos, quería.*
8.1. Ver solución de actividad 8.
8.2. Posible respuesta:
Irregulares en indefinido: estar, decir, venir, ser, dar, tener, preferir, ...
Irregulares en imperfecto: ser, ir, ver.
8.3. Diego) 1- estábamos, 2- estábamos, 3- paramos, 4- escuchamos, 5- Fuimos, 6- estaba, 7- saltamos, 8- empezamos, 9- era, 10- vio, 11- Era. **Raquel)** 1- salimos, 2- estaba, 3- llamó, 4- dijo, 5- era, 6- pensó, 7- era, 8- dijimos, 9- preferíamos, 10- sacó, 11- dijo, 12- vi, 13- llamé, 14- encendió, 15- se fue. **Hugo)** 1- llegamos, 2- estaba, 3- me dolía, 4- dio, 5- desapareció, 6- fueron, 7- llegaron. **Pedro)** 1- era, 2- me gustaban, 3- preguntó, 4- quería, 5- decidí, 6- Fue, 7- construían.
8.4. Respuesta libre.

9

B)
9.1. 1-a; 2-l; 3-c; 4-i; 5-j; 6-b; 7-d; 8-k; 9-m; 10-e; 11-f; 12-n; 13-o; 14-g; 15-h; 16-p.
9.2. Respuesta libre.

10

Respuesta libre.
10.1. Respuesta libre.